제.주.올.레.
트.레.킹.
가이드북

바다출판사

제주올레 코스

 각 코스 시작점
코스 경로
시작점과 같은 색 길로 여행

그래서 어느 날 아침 눈을 떴을 때
문득 바다와 오름과 정겨운 이웃들이 그리워진다면
주저 없이 배낭을 메고 길을 나서리라
공항으로 달려가 아침 첫 비행기를 타고
제주올레로 훌쩍 떠나는 상상만으로도
오늘 하루는 행복하리라

⋮

심산

|일러두기|

- 2011년 5월 현재까지 총 23개의 제주올레 코스가 열렸다.
- 이 책의 내용은 (사)제주올레에서 제공하는 정보를 바탕으로 정리하였다.
- 갑작스러운 기후 변화와 예기치 않은 돌발 변수로 현지 사정은 늘 유동적이다. 떠나기 전 가급적 제주올레 홈페이지(http://www.jejuolle.org)에서 공지사항을 확인하는 것이 좋다.

제주올레 코스 안내

- 1-1 우도 올레 15.9km
- 1   시흥~광치기 올레 15.6km
- 2   광치기~온평 올레 18.1km
- 3   온평~표선 올레 20.7km
- 4   표선~남원 올레 22.9km
- 5   남원~쇠소깍 올레 14.7km
- 6   쇠소깍~외돌개 올레 14.4km
- 7-1 월드컵경기장~외돌개 올레 15.1km
- 7   외돌개~월평 올레 13.8km
- 8   월평~대평 올레 15.2km
- 9   대평~화순 올레 8.2km
- 10-1 가파도 올레 5km
- 10   화순~모슬포 올레 14.8km
- 11   모슬포~무릉 올레 18km
- 12   무릉~용수 올레 17.5km
- 13   용수~저지 올레 16.4km
- 14-1 저지~무릉 올레 18.8km
- 14   저지~한림 올레 19.3km
- 15   한림~고내 올레 19km
- 16   고내~광령 올레 17.8km
- 17   광령~산지천 올레 18.4km
- 18-1 추자도 올레 17.7km
- 18   산지천~조천 올레 18.8km

1-1 코스 우도

★ 총 15.9킬로미터, 4~5시간
★ 코스 난이도 **하**

memo

★1-1코스★ 우도

큰 굴곡은 없지만 차와 스쿠터 등을 주의하며 걸어야 한다

- 도항선 운항 시간 08:00~18:30(우도행), 07:00~18:00(성산행)
- 도항선 문의 064.782.5671 • 성산 콜택시 064.784.8585 • 올레지기 064.762.2190

시·종점 천진항

찾아가기

- 제주 또는 서귀포 시외버스터미널에서 동회선 일주 시외버스(성산 경유)를 타고 성산포에 내려 15분 정도 걸어가면 성산항에 도착한다. 성산항에서 천진항 또는 하우목동항행 도항선을 타면 15분 만에 도착한다(1시간 간격, 왕복 5,500원).

나가기

- 천진항 또는 하우목동항에서 성산항행 도항선을 탄다. 성산포에서 제주 시외버스터미널 또는 서귀포 시외버스터미널로 가는 동회선 일주 시외버스를 탄다.

코스별 숙소·맛집 정보

숙소

- 하늘이민박 064.783.0235
- 산호풍경 064.783.3542
- 섬하안성 민박 064.784.4487
- 동굴리조트 064.783.6678

맛집

- 우도반점 064.783.1117
- 등머을먹고네 064.783.1071
- 해와달 그리고 섬식당 064.784.0941
- 동굴밥상 064.784.6678
- 썬비치식당 064.738.5003

1코스 시흥~광치기

★총 15.6킬로미터, 4~5시간
★코스 난이도 **중**

★1코스★ 시흥~광치기

코스 초반 2개의 오름이 있다. 비나 눈이 온 뒤에는 길이 조금 미끄러울 수도 있지만 이후로는 오르막이 없는 평탄한 길이다.

- 성산 콜택시 064.784.8585 • 올레지기 064.762.2190

→ 시작점 시흥초등학교 찾아가기

- 제주 또는 서귀포 시외버스터미널에서 동회선 일주 시외버스(성산 경유)를 타고 시흥리에서 내린다.

→ 종점 광치기해변 나가기

- 도로 쪽으로 나가면 왼쪽에 제주시 및 성산 방향으로 가는 동회선 일주 시외버스 정류장이 있다(20분 간격).
- 도로 건너편 오른쪽에 서귀포 시내로 가는 동회선 일주 시외버스 정류장이 있다(20분 간격).

코스별 숙소·맛집 정보

숙소
- 오기옥할망집 016.689.2307
- 오신생할망집 016.9838.4773
- 강병희이장집 011.691.3278
- 강태여할망집 010.7755.2948
- 쏠레민박 064.784.1668
- 두산봉민박 010.4936.4288
- 초롱민박 064.782.4589
- 굿모닝민박 064.782.7774
- 제주오름 게스트하우스 070.8900.2701
- 성산해맞이 064.784.5225

맛집
- 종달수다뜰 064.782.1259
- 목화휴게소 064.782.4133
- 백기해녀의 집 064.782.0673
- 광치기 해산물촌 011.9660.3884
- 시흥해녀의 집 064.782.9230

2코스 광치기~온평

★총 18.1킬로미터, 5~6시간
★코스 난이도 중

- 시작: 광치기해변
- 1km → 내수면 둑방길
- 7.8km → 식산봉
- 1.3km → 오조리성터 입구
- 2.7km → 홍마트
- 2.7km → 대수산봉 입구
- 3.1km → 말 방목장 초입
- 2.9km → 혼인지
- 1km → 온평초교 옆
- 1.6km → 종점: 온평포구

📝 memo

★2코스★ 광치기~온평

초반에는 물길이 이어지다 중반쯤 오름이 나온다. 오름 앞뒤로는 호젓한 산길이어서 2명 이상 짝지어 가는 것이 좋다.

- 성산 콜택시 064.784.8585 · 올레지기 064.762.2190

→ 시작점 광치기해변 찾아가기

- 제주 또는 서귀포 시외버스터미널에서 동회선 일주 시외버스(성산 경유)를 타고 동남에서 내려 성산일출봉 방향으로 10분 정도 걸어가다 보면 해안을 발견할 수 있다.

→ 종점 온평포구 나가기

- 혼인지정보센터 오른쪽 길로 7분 정도 걸어가면 온평초등학교 맞은편에 제주시 및 성산 방향으로 가는 동회선 일주 시외버스 정류장이 있다(20~30분 간격).
- 혼인지정보센터 오른쪽 길로 7분 정도 걸어가면 온평초등학교 앞에 서귀포 시내로 가는 동회선 일주 시외버스 정류장이 있다(20~30분 간격).

● 코스별 숙소·맛집 정보

숙소
- 오조 홍무생활망집 064.782.2549
- 해녀 신춘자활망집 010.3866.2972
- 은성이네 민박 064.782.2763
- 환이네 민박 064.784.6789
- 둥지 황토마을 011.698.8805
- SEED 게스트하우스 064.784.7842
- 빌리켄 찜질방 064.784.5579

맛집
- 올레길 국수 064.782.5503
- 호떡분식 064.782.5816
- 소라의 성 해녀식당 064.784.6363
- 아바이순대 064.784.0059
- 용머리 회수산물 064.782.5798

3코스 온평~표선

★총 20.7킬로미터, 6~7시간
★코스 난이도 **상**

시작: 온평포구
4.6km → 난산리
1.8km → 통오름 입구
1.3km → 독자봉 입구
4.4km → 김영갑갤러리
2.1km → 우물안개구리 옆길
0.9km → 신풍·신천 바다목장
2km → 신천리 마을올레
1.3km → 하천리 배고픈 다리
1.2km → 소낭쉼터
1.1km → 종점: 표선 해비치해변

memo

★3코스★ 온평~표선

코스 길이가 21킬로미터에 달하고 중간에 오름과 바닷길이 포함되어 있다

- 성산 콜택시 064.784.8585 • 올레지기 064.762.2190

→ 시작점 온평포구 찾아가기

- 제주 또는 서귀포 시외버스터미널에서 동회선 일주 시외버스(성산 경유)를 타고 온평리에서 내린다. 바다 쪽에서 10분 정도 걸어가다 보면 출발점인 온평리 종합안내센터가 보인다.

→ 종점 표선 해비치해변 나가기

- 길 건너 제주 민속촌박물관 주차장에 번영로를 통해 제주시로 가는 버스 정류장이 있다(20분 간격). 또는 표선마을 방향으로 10분 정도 걸어간 후 신협 사거리에서 왼쪽으로 100미터쯤 가면 제주시로 가는 동회선 일주 시외버스 정류장이 있다(20분 간격).
- 신협 사거리에서 오른쪽으로 100미터쯤 가면 서귀포 시내로 가는 동회선 일주 시외버스 정류장이 있다(20분 간격).

● 코스별 숙소·맛집 정보

숙소

- 탐라스포텔 019.693.3992
- 통오름 고정화할망집 010.7474.3888
- 젠게스트하우스 064.787.1195
- 일출언덕 신산게스트하우스 064.782.1375
- 세화의 집 064.787.7794
- C&P 리조트 064.784.7701
- 제주허브동산 내 펜션 064.787.7364

맛집

- 윈드힐 064.787.5787
- 내고향 해녀식당 064.782.8689
- 어촌식당 064.787.0175
- 춘자국수 064.787.3124
- 장수해장국 064.787.5667

4코스 표선~남원

★총 22.9킬로미터, 6~7시간
★코스 난이도 상

★4코스★ 표선~남원

코스 길이가 가장 길고 오름과 바닷길이 일부 포함되어 있다. 바다 옆으로 쭉 이어진 해안도로를 따라 오래 걸어야 한다.

• 동성 콜택시 064.787.7733 • 남원 콜택시 064.764.9191 • 올레지기 064.762.2190

→ 시작점 표선 해비치해변 찾아가기

- 제주 시외버스터미널에서 번영로로 운행하는 제주-표선 시외버스를 타고 제주 민속촌박물관에서 내린다. 해수욕장 쪽으로 1분 정도 걸어가면 된다.
- 서귀포 시외버스터미널에서 제주-서귀포 동회선 일주 시외버스(성산 경유)를 타고 표선 사거리에서 내린다. 해수욕장에서 10분 정도 걸어가면 된다.

→ 종점 남원포구 나가기

- 한라산 방향으로 3분 정도 걸어가 사거리를 지나면 남조로를 통해 제주시로 가는 버스 정류장이 있다(20분 간격). 또는 사거리에서 우회전한 후 5분 정도 걸어가면 수협 앞에 제주시로 가는 버스 정류장이 있다(20분 간격)
- 사거리에서 우회전한 후 4분 정도 걸어가면 길 건너편(수협 전)에 서귀포 시내로 가는 동회선 일주 시외버스 정류장이 있다(20분 간격).

● 코스별 숙소·맛집 정보

숙소
- 게스트하우스 하얀언덕 064.787.7007
- 모두올레 게스트하우스 064.764.5437
- 태흥리조트 064.764.8118
- 남촌풀하우스 064.787.4100

맛집
- 남원 범일분식 064.764.5069
- 당케식당 064.787.1917
- 남쪽나라 횟집 064.787.5556
- 마당갈비 식당 064.764.5989
- 남촌뚝배기 064.787.5432

5코스 남원~쇠소깍

★ 총 14.7킬로미터, 4~5시간
★ 코스 난이도 **중**

memo

★5코스★ 남원~쇠소깍

난대 식물이 울창한 숲을 지나서 바다로 나가는 길이다. 평탄한 길이지만 험한 바윗길 구간이 포함되어 있다.

- 서귀포 택시콜 064.762.0100
- 남원 콜택시 064.764.9191
- 5.16 콜택시(제주-서귀포) 064.7516.516
- 올레지기 064.762.2190

→ 시작점 남원포구 찾아가기

- 제주 시외버스터미널에서 제주-남원간 시외버스(남조로 경유)를 타고 남원리에서 내려 바닷가 쪽으로 5분 정도 걸어가다 보면 남원포구를 발견할 수 있다.
- 서귀포 시외버스터미널에서 제주-서귀포 동회선 일주 시외버스(성산 경유)를 타고 남원리에서 내려 바닷가 쪽으로 5분 정도 걸어가다 보면 남원포구를 발견할 수 있다.

→ 종점 쇠소깍 나가기

- 한라산 방향으로 15분 정도 걸어가면 나오는 일주도로 오른쪽에 성산을 경유해 제주시로 가는 동회선 일주 시외버스 정류장이 있다(20분 간격). 또는 성산 방향으로 가는 동회선 일주 버스를 타고 남원에서 내린 후 남조로를 경유해 제주시로 가는 버스로 갈아탄다(20분 간격).
- 일주도로 오른쪽 길 건너편에 서귀포 시내 방향(종점 월드컵 경기장 시외버스터미널)으로 가는 동회선 일주 시외버스 정류장이 있다(20분 간격).

● 코스별 숙소·맛집 정보

숙소
- 영등 현동순할망집 010.5696.3666
- 검은돌펜션 010.9301.1072
- 공천포 해변빌리지 064.767.3399
- 포유펜션 064.764.2777
- 팔도민박 064.764.7700

맛집
- 별주부전 064.764.8899
- 아서원 064.767.3130
- 지귀도 섬마을횟집 064.764.7177
- 황금분식 064.764.7896
- 공천포식당 064.767.2425

6코스 쇠소깍~외돌개

★총 14.4킬로미터, 4~5시간
★코스 난이도 하

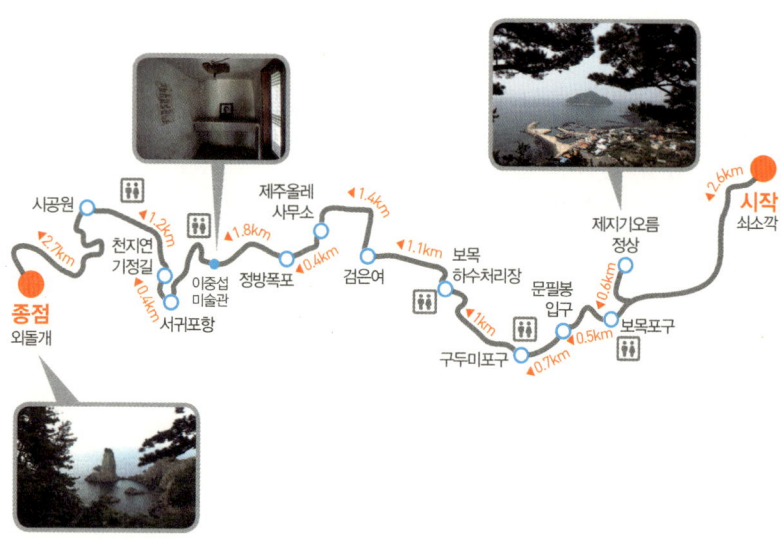

memo

★6코스★ 쇠소깍~외돌개

서귀포 시내를 지나는 평탄한 코스. 초반에 오름이 하나 있고 무성한 숲길을 지나지만 험하지는 않다.

- 서귀포 택시콜 064.762.0100   • 서귀포 OK콜택시 064.732.0082
- 서귀포 칠십리콜택시 064.766.1660   • 서귀포 개인택시 호출 064.732.4244
- 5.16 콜택시(제주-서귀포) 064.7516.516   • 올레지기 064.762.2190

→ 시작점 쇠소깍 찾아가기

- 제주공항에서 서귀포행 리무진버스를 타고 종점인 서귀포 KAL호텔에서 내려 택시를 타고 쇠소깍으로 간다. 또는 제주 시외버스터미널에서 남조로 버스를 타고 쇠소깍 인근 두레빌라트 앞에서 내린다.
- 서귀포 중앙로터리(일호광장) 동쪽 정류장에서 효돈행 버스를 타고 효돈에서 내린다. 쇠소깍 쪽으로 5~10분쯤 걸어간다.

→ 종점 외돌개 나가기

- 종점 바로 옆에서 시내버스를 타고(정류장의 시간표 확인) 서귀포시 중앙로터리(일호광장)에 내린다.
- 제주시로 갈 경우 중앙로터리의 농협 뒤편 시외버스터미널에서 제주-서귀포 고속화버스를 탄다.

◉ 코스별 숙소·맛집 정보

숙소
- 민중각 064.763.0501
- 호텔 제주크리스탈 064.732.8311
- 남국호텔 064.762.4111
- 숲섬 오영자할망집 016.9606.3600
- 귀락모텔 064.733.5666
- 굿인호텔 064.767.9600
- 송정게스트하우스 064.763.5775
- 애순이네민박 011.600.3316
- 쿨쿨게스트하우스 064.767.5000
- 제주 하늘정원 064.733.5798

맛집
- 이어도 해물요리 전문점 064.733.0345
- 돌하르방횟집 064.733.9288
- 제주할망 뚝배기 064.733.9934
- 전원일기 064.762.5630
- 고향생각 064.733.6009

7-1 코스 월드컵경기장~외돌개

★총 15.1킬로미터, 4~5시간
★코스 난이도 중

- 엉또폭포
- 2.6km
- 1.2km
- 월산동 입구
- 2.2km
- 고근산 정상
- 서호마을 입구
- 0.7km
- 호서마트
- 2.8km
- 토계촌 입구
- 1.5km
- 대신중학교
- 1.3km
- 하논분화구
- 삼매봉 옆길
- 0.8km
- 0.4km
- **시작** 월드컵 경기장
- 1.6km
- 경기장 후문
- **종점** 외돌개

🖊 memo

★7-1코스★ 월드컵경기장~외돌개

비교적 높은 고근산을 오른다. 기암절벽과 천연 난대림에 둘러싸인 중산간의 비경이 감탄을 자아낸다.

- 서귀포 택시콜 064.762.0100 • 서귀포 OK콜택시 064.732.0082
- 서귀포 칠십리콜택시 064.767.1660 • 서귀포 개인택시 호출 064.732.4244
- 5.16 콜택시(제주.서귀포) 064.7516.516 • 올레지기 064.762.2190

→ 시작점 서귀포 월드컵경기장 찾아가기

- 제주공항에서 서귀포행 리무진버스를 타고 서귀포 월드컵경기장에서 내린다.
- 서귀포 중앙로터리(일호광장) 서쪽 정류장에서 중문 방향으로 가는 시내버스를 타고 서귀포 월드컵경기장에서 내린다.

→ 종점 외돌개 나가기

- 종점 바로 옆에서 시내버스를 타고(정류장의 시간표 확인) 서귀포시 중앙로터리(일호광장)에 내린다. 제주시로 갈 경우 중앙로터리의 농협 뒤편 시외버스터미널에서 제주 – 서귀포 고속화버스를 탄다.

● 코스별 숙소·맛집 정보

추천 숙소 없음

맛집
- 푸주옥 064.739.3788
- 고근산식당 064.739.6020
- 국수냐 국밥이냐 064.739.3382
- 미향(터미널식당) 064.739.8375
- 남호식당 064.739.8375

7코스 외돌개~월평

★총 13.8킬로미터, 4~5시간
★코스 난이도 상

종점 월평마을 아왜낭목
굿당 산책로
월평포구
중덕 갈림길
강정포구
강정천
서건도 앞
일강정 바당올레
법환포구
수봉로
속골
돔베낭길 끝
시작 외돌개

0.7km / 1.2km / 1.6km / 1.7km / 2.4km / 1.4km / 0.9km / 0.5km / 1.8km / 1.6km

memo

★7코스★ 외돌개~월평

자연생태길인 수봉로는 언덕이고 일강정 바당올레와 서건도 사이의 바윗길이 험한 편이다.

- 서귀포 택시콜 064.762.0100
- 서귀포 OK콜택시 064.732.0082
- 서귀포 칠십리콜택시 064.766.1660
- 서귀포 개인택시 호출 064.732.4244
- 5.16 콜택시(제주-서귀포) 064.7516.516
- 올레지기 064.762.2190

→ 시작점 외돌개 찾아가기

- 제주공항에서 서귀포행 리무진버스를 타고 서귀포 뉴경남호텔 앞 정류장에서 내려 외돌개까지 택시를 타고 간다(기본요금 거리).
- 서귀포 시내에서는 외돌개까지 택시를 이용하는 것이 편리하다.

→ 종점 월평마을 아왜낭목 나가기

- 8코스 진행 방향으로 20분 정도 걸어가면 약천사 앞에서 공항행 리무진버스를 타고 제주시로 갈 수 있다.
- 바로 앞에 서귀포 시내로 가는 시내버스 정류장이 있다.

● 코스별 숙소·맛집 정보

숙소
- 뜨레피아펜션 064.738.5848
- 강정 씨빌리지 010.3639.3099
- 제주락 민박 064.738.8333
- 외돌개나라 펜션 064.732.1183
- 추억여행 펜션 064.739.7999

맛집
- 동환식당 064.739.8644
- 물질 식육식당 064.739.1542
- 막숙횟집 064.739.1234
- 강정해녀의 집 064.739.0772
- 용궁식당 064.738.6780

8코스 월평~대평

★총 15.2킬로미터, 4~5시간
★코스 난이도 상

시작 월평마을 아왜낭목 ◀1.1km 선궤네 입구 ◀1.8km 대포포구 ◀1.8km 베릿내오름 ◀1.6km 주상절리 안내소 ◀2.5km 중문·색달 해변 ◀1.2km 해병대길 ◀1.4km 논짓물 ◀1.5km 하예포구 ◀1.4km 대평 해녀탈의장 ◀0.9km 종점 대평포구

 memo

★8코스★ 월평~대평

큰 돌들로 이루어진 해병대길 구간은 낙석 위험으로 인해 통제 중이다. 해수욕장의 모래사장도 걷기에는 편하지 않다. 색달 하수종말처리장부터 대평포구까지는 유모차도 갈 수 있는 평탄한 길이다.

- 서귀포 택시콜 064.762.0100 • 서귀포 OK콜택시 064.732.0082
- 중문 콜택시 064.738.1700 • 5.16 콜택시(제주-서귀포) 064.7516.516
- 올레지기 064.762.2190

→ 시작점 월평마을 아왜낭목 찾아가기

- 제주공항에서 서귀포행 리무진버스를 타고 약천사에서 내린다. 월평마을 방향으로 10분 정도 걸어가면 된다.
- 서귀포 중앙로터리(일호광장) 서쪽 정류장에서 대포 방향으로 가는 시내버스를 타고 월평마을에서 내린다.

→ 종점 대평포구 나가기

- 대평마을 방향으로 8분 정도 걸어가면 대형슈퍼 앞 삼거리에 서귀포 시내로 가는 버스 정류장이 있다.
- 시내버스를 타고 중문에서 내려 횡단보도를 건너면 정류장에서 제주-서귀포 고속화버스 또는 서회선 일주 시외버스를 타고 제주시로 갈 수 있다.

● 코스별 숙소·맛집 정보

숙소

- 아리랑펜션 064.738.7773
- 곰씨비씨 070.8900.8907
- 게스트하우스샬레 010.3691.1859
- 써니데이 제주 064.738.1999
- 남쪽나라 펜션 011.690.5679

맛집

- 운해횟집 064.738.6000
- 제주오성 064.739.3120
- 나성 찐빵만두 064.738.4949
- 외갓집 정식 064.739.9358
- 색달해녀의 집 064.738.6042

9코스 대평~화순

★총 8.2킬로미터, 3~4시간
★코스 난이도 **상**

memo

★9코스★ 대평~화순

코스 길이는 상대적으로 짧지만 제주에서 가장 아름다운 계곡으로 꼽히는 안덕계곡 등이 포함되어 있어 쉽지는 않다.

• 중문 콜택시 064.738.1700 • 안덕 개인콜택시 064.794.1400 • 올레지기 064.762.2190

→ 시작점 대평포구 찾아가기

- 제주 시외버스터미널에서 중문행 고속화버스를 타고 중문에서 내린다. 길 건너편 중문우체국 앞에서 대평리행 버스(20~30분 간격)를 타고 대평리 종점에서 내린다. 바다 쪽으로 10분 정도 걸어가면 대평포구가 나온다.
- 서귀포 중앙로터리(일호광장) 서쪽 정류장에서 대평 방향으로 가는 버스를 타고 대평리 종점에서 내린다. 바다 쪽으로 10분 정도 걸어가면 대평포구가 나온다.

→ 종점 화순금 모래해변 나가기

- 10코스 쪽으로 50미터 정도 나가서 오른쪽 길로 10분 정도 걸어가면 화순 사거리(세 번째 사거리)가 나온다. 사거리에서 왼쪽으로 30미터 정도 나가면 길 건너편 농협 앞에 제주시로 가는 서회선 일주 시외버스가 있다(20분 간격). 또는 평화로(제주-모슬포)버스 정류장이 있다.
- 화순 사거리에서 왼쪽으로 50미터 정도 나가면 신서귀포 시외버스터미널(월드컵경기장)로 가는 서회선 일주 시외버스 정류장이 있다(20분 간격). 서귀포 시내로 가려면 시외버스터미널에서 내려 시내버스를 이용한다.

☕ 코스별 숙소·맛집 정보

숙소
- 굿스테이 에쿠스모텔 064.792.2341

맛집
- 바당올레횟집 064.794.8558
- 송도식당 064.794.9408
- 황금미락 064.794.6789

10-1 코스 가파도

★총 5킬로미터, 1~2시간
★코스 난이도 하

memo

★10-1코스★ 가파도

가파도는 산책·휴식·안식의 섬이다. 오르막이 없고 길이도 짧기 때문에 누구나 쉽게 걸을 수 있다.

- 가파도행 선박운항 문의 064.794.5490 • 모슬포 콜택시 064.794.5200
- 올레지기 064.762.2190

→ 시작점 상동포구 찾아가기

- 제주 시외버스터미널에서 대정(모슬포)행 직행버스(평화로 경유)를 탄다. 모슬포 시외버스터미널에서 내려 모슬포항으로 10분 정도 걸어가면 가파도·마라도행 정기여객선 대합실이 나온다.
- 서귀포 시외버스터미널에서 서회선 일주 시외버스를 타고 모슬포농협 사거리 정류장에서 내린다. 모슬포항으로 5분 정도 걸어가면 정기여객선 대합실이 나온다.
- 가파도행 여객선은 하루 3회(9:00, 12:00, 16:00) 출항한다. 풍랑이 자주 발목을 잡으니 가파도에 머물 사람들은 들어가기 전 배 시간과 폭풍주의보를 확인해야 한다.

→ 종점 가파포구 나가기

- 시내 방향 큰길로 5분 정도 걸어가면 농협 사거리(첫 번째 사거리)가 나온다. 사거리에서 오른쪽으로 200미터 정도 나가면 제주시와 서귀포시 방면의 시외버스 정류장이 있다.

● 코스별 숙소·맛집 정보

숙소
- 가파도 바다별장 064.794.6885

맛집
- 가파도민박 064.794.7089

10 코스 화순~모슬포

★총 14.8킬로미터, 4~5시간
★코스 난이도 **중**

시작 화순금 모래해변
◀0.5km 퇴적암지대
◀1.9km
◀0.3km 산방연대
◀2.8km 설큼바당
◀2.7km 사계 화석발견지
◀3.3km 송악산 입구
송악산
알뜨르비행장
◀1.5km
하모해수욕장
◀1.6km
종점 모슬포항 하모체육공원

📝 memo

★10코스★ 화순~모슬포

화순해수욕장에서 시작해 산방산 옆을 지나 송악산을 넘어 대정읍 하모해수욕장까지 이어지는 해안올레. 초반 바윗길과 산방연대, 송악산 등의 오르막이 포함되어 있다.

• 안덕 개인콜택시 064.794.1400 • 모슬포 콜택시 064.794.5200 • 올레지기 064.762.2190

→ 시작점 화순금 모래해변 찾아가기

- 제주 시외버스터미널에서 서부 관광도로 버스(평화로 경유)를 타고 화순리에서 내린다. 바다 쪽으로 10분 정도 걸어간다.
- 서귀포 시외버스터미널에서 제주-서귀포 서회선 일주 시외버스를 타고 화순리에서 내린다. 바다 쪽으로 10분 정도 걸어간다.

→ 종점 하모체육공원 나가기

- 큰길을 따라 5분 정도 걸어가면 나오는 농협 사거리(두 번째 사거리)에서 왼쪽으로 50미터 정도 나가면 길 건너편에 제주시로 가는 서회선 일주 시외버스 정류장이 있다(20분 간격). 또는 큰길을 따라 15분 정도 걸어가면 나오는 큰 사거리(여섯 번째 사거리)에서 평화로를 통해 제주시로 가는 제주-모슬포 시외버스터미널이 있다(10~30분 간격).
- 농협 사거리(두 번째 사거리)에서 오른쪽으로 30미터 정도 나가면 신서귀포 시외버스터미널(월드컵경기장)로 가는 서회선 일주 시외버스 정류장이 있다(20분 간격). 서귀포 시내로 가려면 시외버스터미널에 내려 시내버스를 이용한다.

🍴 코스별 숙소·맛집 정보

숙소

- 사이게스트하우스 064.792.0042
- 포토갤러리 하우스 010.9408.4502
- 게스트하우스봄꽃 016.258.6008
- 사계여행 민박 064.792.4466
- 그랑부르 064.792.2456
- 조이풀게스트하우스 064.792.5551

맛집

- 올레터 064.794.7800
- 항구식당 064.794.2254
- 산방식당 064.794.2165
- 상모해녀의 집 010.5270.6116
- 화순반점 064.794.1157

11 코스 모슬포~무릉

★총 18킬로미터, 5~6시간
★코스 난이도 상

무릉곶자왈 아름다운 숲길
1.5km
3.3km
종점
무릉 생태학교
무릉2리 효자정려
신평곶자왈
1.2km
0.6km
신평사거리
2.1km
정난주 마리아 성지
보성농로
2km
2.3km
모슬봉 숲길
1.8km
청소년 수련관
대정여고
0.7km
1.5km
산이물
1km
시작
하모체육공원

memo

★11코스★ 모슬포~무릉

코스 길이가 비교적 길고 곶자왈이 포함되어 있다. 곶자왈에서는 길을 잃으면 위험하므로 리본을 놓치지 않도록 주의하고 가급적 역방향 걷기는 피하는 것이 좋다.

- 모슬포 콜택시 064.794.5200 ・올레지기 064.762.2190

→ 시작점 모슬포항(하모체육공원) 찾아가기

- 제주 시외버스터미널에서 대정(모슬포)행 직행버스(평화로 경유)를 탄다. 종점인 모슬포읍내에서 내려 모슬포항 방향으로 3분 정도 걸어가면 하모체육공원이 나온다.
- 서귀포 시외버스터미널에서 제주-서귀포 서회선 일주 시외버스를 타고 모슬포읍내에서 내린다. 모슬포항 방향으로 3분 정도 걸어가면 하모체육공원이 나온다.

→ 종점 무릉 생태학교 나가기

- 온 길을 되돌아가서 나오는 도로에서 왼쪽으로 150미터 정도 나가면 보건소 앞에 모슬포 방향으로 가는 버스 정류장이 있다. 모슬포에서 제주시로 가는 서회선 일주 시외버스 또는 평화로 버스를 이용한다.
- 모슬포에서 신서귀포 시외버스터미널(월드컵경기장)로 가는 서회선 일주 시외버스를 이용한다. 서귀포 시내로 가려면 시외버스터미널에서 내려 시내버스를 이용한다.

● 코스별 숙소・맛집 정보

숙소
- 고사리 김보운할망집 064.794.8364
- 곶자왈 현순여할망집 064.792.3446

맛집
- 옥돔식당 064.794.8833
- 인당네 풀내음 064.792.4525
- 개성보쌈 대정점 064.792.5382
- 신호등식당 064.794.6111
- 선유횟집 064.794.5125

12 코스 무릉~용수

★총 17.5킬로미터, 5~6시간
★코스 난이도 중

memo

★12코스★ 무릉~용수

초반 평탄한 길이 이어지다가 신도에 이르러 바다를 만나면 넓은 바윗길을 지나고 오름도 오른다.

• 한경 콜택시 064.772.1818 • 올레지기 064.762.2190

→ 시작점 무릉 생태학교 찾아가기

- 제주 시외버스터미널에서 모슬포행(평화로 운행) 버스를 타고 모슬포에 내려 신창–모슬포 순환버스를 타고 무릉 2리에서 내린다. 또는 제주 시외버스터미널에서 신평, 보성을 경유하는 모슬포행(평화로 운행) 버스를 타고 신평에서 내려 택시를 타고 무릉 2리로 간다(택시 요금 7~8,000원).
- 서귀포 시외버스터미널에서 서회선 일주 시외버스를 타고 모슬포에 내려 신창–모슬포 순환버스를 타고 무릉 2리에서 내린다.

→ 종점 용수포구 나가기

- 13코스 방향으로 20분 정도 나가면 나오는 충혼탑 사거리에서 횡단보도를 건너 왼쪽으로 20미터 정도 가면 제주시로 가는 서회선 일주 시외버스 정류장이 있다(간격 20분).
- 충혼탑 사거리에서 왼쪽으로 5미터 정도 가면 신서귀포 시외버스터미널(월드컵경기장)로 가는 서회선 일주 시외버스 정류장이 있다(간격 20분). 서귀포 시내로 가려면 시외버스터미널에서 내려 시내버스를 이용한다.

● 코스별 숙소·맛집 정보

숙소
• 신도 고인옥할망집 010.7382.8890

맛집
• 차귀도 동환식당 064.772.2955
• 고산 육거리식당 064.772.5560
• 도원횟집 011.639.4119
• 해루 064.772.2200
• 고산 모두아식당 064.772.5357

13 코스 용수~저지

★총 16.4킬로미터, 4~5시간
★코스 난이도 **중**

memo

★13코스★ 용수~저지

제13 공수특전여단 병사들의 도움으로 복원된 7개의 숲길과 밭길, 잣길들과 저지오름의 울창한 숲을 지난다.

- 한경 콜택시 064.772.1818
- 올레지기 064.762.2190

→ 시작점 용수포구 찾아가기

- 제주 시외버스터미널에서 서회선 일주 시외버스를 타고 용수리에서 내려 바닷가 용수포구 쪽으로 15분 정도 걷는다.
- 서귀포 시외버스터미널에서 서회선 일주 시외버스를 타고 용수리에서 내려 바닷가 용수포구 쪽으로 15분 정도 걷는다.

→ 종점 저지마을회관 나가기

- 저지마을회관 건너편에 신창으로 가는 버스 정류장이 있다. 신창에서 제주시로 가는 서회선 일주 시외버스를 이용한다.
- 저지마을회관 앞에서 모슬포로 가는 버스를 타거나 건너편에서 신창으로 가는 버스를 탄다. 신창 또는 모슬포에서 신서귀포 시외버스터미널(월드컵경기장)로 가는 서회선 일주 시외버스를 갈아탄다. 서귀포 시내로 가려면 시외버스터미널에서 내려 시내버스를 이용한다.

☕ 코스별 숙소·맛집 정보

숙소
- 저지마을 농가민박 김개옥댁 010.3119.2479
- 저지마을 농가민박 홍연지댁 010.5126.5845
- 낙천리 아홉굿마을 민박 064.773.1946
- 저지마을 농가민박 들메민박 011.692.1960
- 저지마을 농가민박 조연옥댁 010.9840.4125

맛집
- 새오름중식 064.772.5807
- 닥마루가든 064.772.5556
- 만나와 메추라기 064.772.3255
- 낙천리 아홉굿마을 쉼방 064.773.1946
- 신토불이가든 064.772.4458

14-1 코스 저지~무릉

★ 총 18.8킬로미터, 5~6시간
★ 코스 난이도 상

memo

★14-1코스★ 저지~무릉

무성한 숲의 생명력과 초록의 기운을 온몸으로 느끼며 걷는 길이다. 곶자왈에서는 리본을 놓치지 않도록 주의해야 하며 2명 이상이 함께 걷는 것이 좋다. 식당이나 상점이 없으므로 반드시 먹을거리를 준비해 떠나야 한다.

- 한경 콜택시 064.772.1818 • 모슬포 콜택시 064.794.5200 • 올레지기 064.762.2190

→ 시작점 저지마을회관 찾아가기

- 제주 시외버스터미널에서 노형-중산간 버스를 타고 저지리 마을회관에서 내린다. 또는 서회선 일주 시외버스를 타고 신창(한경면사무소 맞은편)에서 내린 후, 한경면사무소 후문 맞은편에서 신창-모슬포 순환버스로 갈아타고 저지리 마을회관에서 내린다.
- 서귀포 시외버스터미널에서 서회선 일주 시외버스(사계 경유)를 타고 모슬포우체국 앞에서 내리거나, 대정초등학교 입구 삼거리에서 내린다. 바다 쪽으로 5분 정도 내려간 후 사거리 우측 정류소에서 모슬포-신창 순환버스를 갈아타고 저지리 마을회관에서 내린다.

→ 종점 무릉 생태학교 나가기

- 보건소 앞 버스 정류장에서 모슬포로 가는 버스를 탄다. 모슬포에서 제주시로 가는 서회선 일주 시외버스 또는 평화로 버스로 갈아탄다.
- 모슬포에서 신서귀포 시외버스터미널(월드컵경기장)로 가는 서회선 일주 시외버스로 갈아탄다.

● 코스별 숙소·맛집 정보

숙소

- 생태학교 올레게스트하우스 010.5301.2085
- 저지마을펜션 070.7098.4111

추천 맛집 없음

14 코스 저지~한림

★ 총 19.3킬로미터, 6~7시간
★ 코스 난이도 중

- 종점 한림항 비양도 도항선 선착장
- 2.4km
- 옹포포구
- 2km
- 0.6km
- 협재해수욕장
- 금능해수욕장
- 2.3km
- 해녀콩 자생지
- 1.1km
- 월령포구
- 3.5km
- 월령숲길 입구
- 무명천
- 1.7km
- 3.2km
- 소낭숲길
- 오시록헌 농로
- 2.5km
- 시작 저지마을회관

memo

★14코스★ 저지~한림

돌담길, 밭길, 숲길, 하천길, 나무 산책로가 깔린 바닷길, 자잘한 돌이 덮인 바닷길, 고운 모래사장길, 마을길 들을 차례로 만난다.

- 한경 콜택시 064.772.1818 • 한수풀 콜택시 064.796.9191 • 올레지기 064.762.2190

시작점 저지마을회관 찾아가기

- 제주 시외버스터미널에서 노형-중산간 버스를 타고 저지리 마을회관에서 내린다. 또는 서회선 일주 시외버스를 타고 신창(한경면사무소 맞은편)에서 내린 후 한경면사무소 후문 맞은편에서 신창-모슬포 순환버스로 갈아타고 저지리 마을회관에서 내린다.
- 서귀포 시외버스터미널에서 서회선 일주 시외버스(사계 경유)를 타고 모슬포우체국 앞에서 내리거나, 대정초등학교 입구 삼거리에서 내린다. 바다 쪽으로 5분 정도 내려간 후 사거리 우측 정류소에서 모슬포-신창 순환버스로 갈아타고 저지리 마을회관에서 내린다.

종점 한림항 비양도 도항선 선착장 나가기

- 온 길을 100미터 정도 되돌아가 왼쪽으로 난 큰 도로로 3분 정도 나가면 한림성당 교차로가 나온다. 한림성당 앞에 제주시로 가는 서회선 일주 시외버스 정류장이 있다.
- 한림성당 교차로 오른쪽에 있는 주유소 앞에 신서귀포 시외버스터미널(월드컵경기장)로 가는 시외버스 정류장이 있다.

코스별 숙소·맛집 정보

숙소
- 쉬멍민박 011.683.1432
- J.s B&B 070.7531.3840
- 고향 황토골 064.773.1599
- 에덴 통나무빌리지 064.772.3808
- 연지곤지 민박펜션 070.8900.5500

맛집
- 용포 별장가든 064.796.3146
- 대금식당 064.796.7751
- 재암식당 064.796.2858
- 한림바다 생태체험 마을식당 064.796.1817
- 영일만식당 064.796.3875

15 코스 한림~고내

★총 19킬로미터, 6~7시간
★코스 난이도 **중**

시작
한림항 비양도
도항선 선착장

0.7km ▶ 평수포구 1.8km ▶ 대림안길 입구 1.3km ▶ 영새성물 사거리 0.9km ▶ 성로동 농산물집하장 0.8km ▶ 귀덕농로 버들못농로 2.1km ▶ 납읍숲길 1.7km ▶ 1.2km ▶ 금산공원 1.6km ▶ 백일홍길 입구 0.04km ▶ 과오름 입구 1.3km ▶ 도새기숲길 2.7km ▶ 고내봉 정상 하가리 갈림길 1.1km ▶ 하르방당 1.4km ▶ **종점** 고내포구

memo

★15코스★ 한림~고내

한림의 바다에서 출발해 중산간의 마을과 밭, 오름을 돌아 다시 고내의 바다에 이르는 올레다. 비교적 길고 높지는 않지만 오름이 있고 숲길도 지난다.

• 한수풀 콜택시 064.796.9191 • 애월 콜택시 064.799.9007 • 올레지기 064.762.2190

→ 시작점 한림항 비양도 도항선 선착장 찾아가기

- 제주 시외버스터미널에서 서회선 일주 시외버스를 타고 한림에서 내린다.
- 서귀포 시외버스터미널에서 서회선 일주 시외버스를 타고 한림에서 내린다.

→ 종점 고내포구 나가기

- 고내봉 방향으로 온 길을 5분 정도 되돌아가서 4차로 횡단보도를 건너면 제주시로 가는 서회선 일주 시외버스 정류장이 있다.
- 고내봉 방향으로 온 길을 5분 정도 되돌아가면 마을 입구에 신서귀포 시외버스터미널(월드컵경기장)로 가는 서회선 일주 시외버스 정류장이 있다. 서귀포 시내로 가려면 시외버스터미널에서 내려 시내버스를 이용한다.

● 코스별 숙소·맛집 정보

숙소
- 게스트하우스정글 070.8900.6648
- 한림게스트하우스 010.4750.2622

맛집
- 화연이네 064.799.7551
- 성안식당 064.799.0145
- 고내횟집 064.799.6888
- 금산식당 064.799.1330
- 한일식당 064.799.3191

16 코스 고내~광령

★총 17.8킬로미터, 5~6시간
★코스 난이도 중

시작 고내포구 — 1.5km → 신엄포구 — 1.3km → 남두연대 — 1km → 중엄새물 — 1km → 구엄포구 — 1.4km → 수산봉 둘레길 — 4.9km → 장수물 — 0.9km → 항파두리 입구 — 0.8km → 고성숲길 — 3.1km → 청화마을 — 1.7km → 종점 광령1리 사무소

memo

★16코스★ 고내~광령

쪽빛 바다와 소금빌레, 잔잔한 저수지, 호젓한 숲, 옛 토성, 평화롭고 소박한 마을들, 돌담을 두른 밭. 이 모든 것을 하나로 이어 보여 준다. 길이가 비교적 길고 오르막이 일부 포함되어 있다.

- 애월 콜택시 064.799.9007 • 하귀 콜택시 064.713.5003
- VIP 콜택시 064.711.6666(광령에서 이용 시) • 올레지기 064.762.2190

→ 시작점 고내포구 찾아가기

- 제주 시외버스터미널에서 서회선 일주 시외버스를 탄다. 고내에서 내린 후 고내포구 방향으로 5분 정도 걸어간다.
- 서귀포 시외버스터미널에서 서회선 일주 시외버스를 탄다. 고내에서 내린 후 고내포구 방향으로 5분 정도 걸어간다.

→ 종점 광령1리 사무소 나가기

- 광령1리 사무소 앞에서 노형로터리-제주공항 입구-시청-아라동을 경유하는 887번을 탄다. 제주시 5일장이 열리는 매달 2일과 7일에는 5일장을 경유한다. 또는 한림-노형-제주를 운행하는 중산간버스를 탄다. 종점은 제주 시외버스터미널.
- 동쪽 무수천다리 방향으로 약 10분 정도 걸어가서 다리 옆 정류장에서 서귀포시로 가는 평화로 버스를 탄다.

● 코스별 숙소·맛집 정보

숙소
- 블루베이펜션 064.713.3577
- 선인장모텔 064.753.8823
- 아모렉스펜션 064.711.0125
- 선타운 064.747.1135
- 신 강남모텔 064.753.8770
- 하얀둥지 064.799.1600

맛집
- 마도로스횟집 064.711.7747
- 제주본섬 064.742.0700

17코스 광령~산지천

★총 18.4킬로미터, 6~7시간
★코스 난이도 **중**

- 동한두기 (갈마수)
- **종점** 산지천마당
- 어영소공원 —1.4km→ 레포츠공원 —1.1km→ 0.6km
- 용두암
- 용연
- 무근성
- 제주목관아지
- 삼도2동사무소 —1.5km→ 동문시장
- 0.7km→ 오현단
- 남문로터리
- 도두봉 정상
- 도두항 (오래물)
- 1.5km
- 사수동약수물
- 공항동산
- 제주공항
- 먹돌세기삼거리
- 이호경로당 —2.9km→ 도두추억애거리
- 이호백계마을
- 내도바당길
- 알작지해안 —1km→ 외도교 —1.1km→ 1.5km
- 외도월대
- 이호테우해변
- 자연체험학습장앞
- 외도천교
- 2.2km
- 외도농로
- 창오교 —0.6km→
- 무수천 트멍(틈새)길
- 1.4km
- 광령교
- **시작** 0.9km▶
- 광령1리 사무소

🖊 **memo**

★17코스★ 광령~산지천

각양각색인 8개의 다리를 건너고 도두의 오래물을 비롯해 대여섯 개의 용천탕을 지난다. 제주 사람들이 살아온 모습과 현재 있는 그대로의 모습을 느낄 수 있다.

• VIP 콜택시 064.711.6666 • 위성개인 콜택시 064.711.8282 • 올레지기 064.762.2190

→ 시작점 광령1리 사무소 찾아가기

- 제주시에서 시내버스 887번(노형로터리-제주공항 입구-시청-아라동 경유)을 타고 광령1리사무소 앞에서 내린다. 또는 제주 시외버스터미널에서 출발하는 한림-노형-제주 중산간 버스를 타고 광령1리 사무소 앞에서 내린다.
- 서귀포 시외버스터미널에서 평화로 버스를 타고 무수천다리 옆 정류장에서 내린다. 광령1리 사무소 방향으로 약 10분 정도 걸어간다.

→ 종점 동문로터리 산지천마당 나가기

- 산지천마당에서 동문로터리 정류장까지 약 90미터 걸어간 후 시내버스 1번을 타고 제주시청 앞에서 내린다. 제주시청 정류장에서 서귀포시로 가는 5.16도로 버스를 탄다.

● 코스별 숙소·맛집 정보

숙소
- 예하게스트하우스 064.724.5506
- 휴먼게스트하우스 070.7808.0135
- 미라클게스트하우스 064.743.8954
- 나이스호텔 064.747.6767
- 이레게스트하우스 064.723.5150
- 블루베이펜션 064.713.3577
- 가까이에 파도소리 064.743.7436
- 샤토비치 064.742.7042
- 송죽원찜질방 064.725.2288

맛집
- 돌하르방식방 064.752.7580
- 미풍해장국 064.726.1245
- 우진해장국 064.757.3393
- 외도식당 064.743.7733
- 은어의 집 064.743.5237
- 노인과 바다 064.713.9942
- 동문시장 횟집골목 064.752.3001

18-1 코스 추자도

★총 17.7킬로미터, 6~8시간
★코스 난이도 **최상**

봉글레산 입구 ◀0.7km─ 최영장군사당 ◀0.4km─ 시·종점 추자항
1.4km
순효각 입구 ◀1.5km 영흥쉼터
◀0.6km 처사각 ◀0.8km
나바론 절벽 정상 ◀0.2km 추자등대
1.1km 추자교
추자교 삼거리 ◀0.8km 담수장
묵리 고갯마루 ◀0.7km ◀0.6km
◀0.7km 묵리교차로 ◀1.2km 돈대산 정상
◀0.4km 묵리마을 돈대산 입구 ◀1.2km
0.6km 신양항 ◀0.7km
신양2리 ◀0.9km

신대산 전망대
예초리포구 ◀0.9km
엄바위 장승 ◀0.5km
◀0.9km
황경헌의 묘
◀0.9km
모진이 몽돌해안

memo

★18-1코스★ 추자도

추자도는 4개의 유인도와 38개의 무인도로 이루어져 있다. 상추자와 하추자 2개의 섬 봉우리들을 이어 넘어가는 코스다.

마을 순환버스는 오전 7시부터 오후 9시까지 1시간 간격으로 총 13회 운행한다. 대서리 출발 정각, 예초리 출발 30분(대서리·영흥리·묵리·신양2리·예초리).

- 추자교통 064.742.3595 • 오토랜드 011.699.1232
- 추자도행 여객선 핑크돌핀호 064.758.4234(제주→추자 9:30, 추자→제주 16:10)
- 한일카페리3호 064.751.5050(제주→추자 13:40, 추자→제주 10:30)

→ 시·종점 추자항 찾아가기

- 제주공항 또는 제주 시외버스터미널에서 택시를 타고 제주항 여객선터미널에 내린다. 추자도행 여객선을 탄다.
- 서귀포 구 시외버스터미널(중앙로터리 옆)에서 내려 길 건너편 간이터미널에서 5.16도로 버스를 타고 제주시청에서 내린다. 광양로터리 방향으로 5분 정도 걸어가면 사거리를 지나 버스 정류장이 있다. 92번 시내버스를 타고 제주항 여객선터미널에서 내려 추자도행 여객선을 탄다.

● 코스별 숙소·맛집 정보

숙소
- 여정여관 064.742.3512
- 성보여관 064.742.8881
- 게스트하우스 010.4057.3650

맛집
- 제일식당 064.742.9333
- 오동여식당 064.742.9086
- 귀빈식당 064.742.4900
- 중앙식당 064.742.3735
- 추자섬식당 064.742.8296

18 코스 산지천~조천

★총 18.8킬로미터, 6~7시간
★코스 난이도 중

★18코스★ 산지천~조천

짧지 않지만 크게 어려운 구간은 없다. 사라봉과 별도봉에는 인근 주민들이 운동 삼아 오르는 오름으로 산책로가 조성되어 있다.

- 조천읍 함덕 호출택시 064.738.8288 · 조천만세 호출택시 064.784.7477
- VIP 콜택시 064.711.6666

→ 시작점 동문로터리 찾아가기

- 제주공항에서 100번을 타고 동문로터리에서 내린다.
- 제주 시외버스터미널에서 시내버스 63번 혹은 100번을 타고 동문로터리에서 내린다.
- 서귀포 구 시외버스터미널(중앙로터리 옆)에서 5.16도로 버스를 타고 제주시청에서 내린 다음 시내버스 1번, 2번, 10번, 28번을 타고 동문로터리에서 내린다.

→ 종점 조천 나가기

- 만세동산 앞 버스정류장에서 제주 시외버스터미널로 가는 시내버스를 탄다.
- 만세동산 앞 버스정류장에서 동회선 일주 시외버스를 탄다.

● 코스별 숙소·맛집 정보

숙소
- 대동호텔 064.723.2600
- 로베로호텔 064.757.7111

맛집
- 만인 칡칼국수 064.755.5959
- 화성식당 064.755.0285
- 명동왕만두 064.784.8582
- 신촌 옛날보리빵 064.783.6153
- 서부두식당 064.756.0506

제주올레 트레킹 가이드북

- 《첫 비행기 타고 훌쩍 떠난 제주올레 트레킹》 부록

초판 1쇄 발행 | 2011년 6월 10일

펴낸곳	바다출판사
발행인	김인호
주소	서울시 마포구 서교동 398-1 창평빌딩 3층
전화	322-3885(편집), 322-3575(마케팅부)
팩스	322-3858
E-mail	badabooks@gmail.com
홈페이지	www.badabooks.co.kr
출판등록일	1996년 5월 8일
등록번호	제 10-1288호

ISBN 978-89-5561-610-1(13980)